우리 시대 현대시조 100인선 54

비단 헝겊

박기섭

태학사

우리 시대 현대시조 100인선 54
비단 헝겊

초판 인쇄 2001년 5월 28일 • 초판 발행 2001년 5월 30일 • 지은이 박기섭 • 펴낸이 지현구 • 펴낸곳 태학사 • 주소 서울시 서초구 서초2동 1357-42 • 전화 (02) 584-1740(代) • 팩스 (02) 584-1730 • e-mail thaehak4@chollian.net • http://www.thaehak4.com • 등록 제22-1455호

ISBN 89-7626-664-1 04810 • ISBN 89-7626-507-6 (세트)

ⓒ 박기섭, 2001
값 5,000원

☞ 저자와 협의하에 인지를 생략합니다.
☞ 파본은 구입한 곳이나 본사에서 바꾸어 드립니다.

오류동인들과 함께 (왼쪽부터 문무학, 필자, 노중석, 이정환, 민병도) (1990)

오늘의 시조학회 세미나에서 (뒷줄 한가운데가 필자) (1996)

열린시조 편집회의를 마치고 제주도에서 (1998)
(앞줄 왼쪽부터 오승철, 이정환, 홍성운, 뒷줄 왼쪽부터 정수자, 이용상, 이지엽, 오영호, 오종문, 필자)

대구시조문학상을 받고 (왼쪽부터 이정환, 필자, 민병도, 김세진, 이승은) (1999)

차례

제1부 못과 망치

춤	11
연가	12
가인(歌人)	13
새	14
아침의 산	15
그리운, 강	16
슬픈, 새에 관한 기억	17
꽃	18
비단 헝겊	20
구절초 시편(詩篇)	21
저문 강	22
눈	23
묵언(默言), 산에 대하여	24
물의 실핏줄이 보인다	25
홍류동(紅流洞)	26
진흙 수렁	27
저 가을볕이	28
뼈 하나로 떠돈다네	29
못과 망치	30

청동의 좀	32
헌 살은 피를 버리고	33
묵언집(默言集)	34
물 길러 간다	37
꽃과 질그릇	38

제2부 마흔의 가을

세속	43
매천(梅泉) 생각	44
마흔의 가을	46
하늬바람에게	48
감	49
소나무 경(經)	50
섬이 이렇듯	51
꽁치와 시	52
연탄재 시인	53
쥐	54
시간	55
춤	56

뻐꾸기 소리	57
한중한(閑中閑)	58
수박을 쪼갠다고?	60
강동(降冬)의 시	61
소나기	62
빈집	63
추상 · 2	64
입추	65
못	66
꿈꾸는 반도(半島)	68
황국(黃菊) 앞에서	69
5월	70

제3부 장작을 태우며

꽃밭에서	75
한천(寒天)	76
가시나무는	77
왕지(王旨)	78
파밭에서	79

순진무구를 위하여	80
우리 사랑은	81
천년의 하루	82
수렵의 길	83
빛이 때리는 대밭처럼	84
먼 길	85
사람 한평생이	86
옥천(沃川) 이모	88
옥중에서	89
돌에 관한 명상	90
온달에게	92
장자(莊子)의 물	93
본리동구(本里洞口)·2	94
봄에	95
천내동(川內洞) 가을	96
장작을 태우며	97
철들 무렵	98
엮음 수심가(愁心歌)	99
해설 견고한 지조의 미학·이경호	105
박기섭 연보	117
참고문헌	118

제1부 못과 망치

춤

그대 앞에 나는 늘 새벽 여울입니다

그 여울 소리 끝에 불 켜든 단청입니다

다 삭은 풍경(風磬)입니다, 바람입니다, 춤입니다

연가

나의 뇌수에 박힌 느닷없는 탄환 한 발 놀랍게도 그것에는 너의 피가 묻어 있다 천리를 휘달려 온 그 피의, 그 가공할 살의!

가인(歌人)

입동에 강을 건너는 한 가인이 있었네

설핏한 눈발 속에 시든 술잔을 버리고

맨발로 언 강을 건너는 한 가인이 있었네

하냥 먹물빛으로 저무는 세상 밖에

어차피 꽃밭 아닌 적막마저 갈아 엎고

서둘러 언 강을 건너는 한 가인이 있었네

가슴에 못다 지핀 모닥불도 불일밖에

한 철 푸르던 목청 그나마 숯이 되고

입동에 강을 건너는 한 가인이 있었네

새

저 가뭇한 하늘가에 발을 오그린 채 숨을 멈춘 한순간에 비상은 완성된다 그제사 새가 새로서 현현하는 것이다

가장 높이 날으는 찰나의 절정을 위해 새는 쉬임없이 부리를 닦아 내고 바람에 죽지를 씻으며 솟구쳐 오르는 것이다

솟구쳐 오를 적마다 새의 눈은 깊어져 텅 빈 고요 속에 세속의 뼈를 묻고 에굽은 그 하늘길을 바스라져 가는 것이다

아침의 산

거칠게 빨아들인다, 살 맞은 짐승처럼
길게 목을 늘인 채
기슭에
웅크린 산

… 서서히 빨려 오르는 저, 계곡 밑바닥의 욕정

그리운, 강

강은 세속 도시의 종말 처리장을 휘감아 돌고
사람이 살지 않는 마을로 가는 먼길이
길게 휜, 수로를 따라
다급하게 풀린다

용케 추슬러 낸 몇 소절 노래도 삭아
더는 흐르지 못할 끈적한 욕망의 진창
또 어떤 격렬함으로 강은 저리 부푸는가

잡풀들의 아랫도리가 툭, 툭 부러지면서
익명의 새떼들만 취수탑 근처를 날고
마침내 뻘물 아래 아득히
혓바닥을 묻는, 강

슬픈, 새에 관한 기억

지상에 오백의 수효를 헤아리기조차 힘든, 그러면서도 천년을 훌쩍 건너간다는… 선계(仙界)의, 새

러시아 북만주 벌판의 칼바람 서슬을 피해 짐짓 서늘한 칼금의 땅 이곳 비무장의 습지에서 발 오그린 채 겨울을 나는,

그러나 언제부턴가 오지 않고 머리 꼭대기만 붉은… 슬픈, 새

꽃

1
모든
꽃 속에는
살의의 유혹이 있다

집단 살해된 꽃의
가혹한
저
시취(屍臭)여

그나마 잔뼈를 추릴
그릇 하나
없구나

2
　세상 모든 환멸의 철책이 닫히면서 거친 욕망의 습기를 일거에 빨아들인다 안 뵈는 빨대 구멍 속, 검붉은 저 공기의 허파!

3
나는 팽창한다, 벙그는 저 꽃 앞에

맨살 맨몸의 향기 죄다 엎질러 놓고

성(聖)간음, 태초의 아침을
대궁이가
휜다

비단 헝겊

순금의 가락지 하나, 그대 살 속 가락지 하나

이 다음 훗승 가서도 삭지 않을 가락지 하나

모란꽃 환한 후원(後苑)에 다시 천추가 온다 해도

머리맡에 풀어 놓은 언약의 비단 헝겊을

무시로 가슴 갈던 쟁깃날에 동여 두고

풀 끝에 아슬한 꿈마저 둘러 끼울 가락지 하나

구절초 시편(詩篇)

불혹도 넘겨버린 어느 간이역쯤에
내 여원 몇 줄 시도 추려서는 버리고
서늘한 그늘 한 자락
옷섶으로 받는다

억새 흐느끼는 쟁명한 저 가을볕
누구는 가을볕 같은 이삿짐을 꾸린다지만
또 어느 세속의 비탈을 휘적이며 갈 것인가

이제 웬만큼은 치욕도 알 나일러니
목금(木琴)마냥 지쳐 누운 목숨의 갈피마다
구절초 마른 꽃대궁
언뜻 비쳐 보인다

저문 강

과수밭 옆, 길게 휜 가을의 시간 끝에

천수경 몇 구절이 산자락을 돌아나가고

처연히 세상을 건너는 꽃집 한 채 보인다

그 오랜 징역의 견고한 결박을 풀면

신의 제단에도 시나브로 잎은 지고

수척한 목숨의 길섶에 저문 강이 놓인다

눈

숲의 부끄러운 상처와 마른 풀의 주검과 세속 도시 위의 모든 인기척을 지우고, 눈은

아무도 건너지 않은 미명의 들녘과 산골짜기를 거슬러 오르며 다급하게 엉겨붙는 길과 희붐하게 아침의 정서가 묻어나는 나뭇가지 끝 새파랗고 미세한 실핏줄을 지우고, 눈은

붉고도 따뜻한 상처의 새 발자국 하나 남긴다

묵언(默言), 산에 대하여

가을이 깊어 갈수록 산의 상처도 깊다

그예 작열턴 것이 아슬한 벼랑에 지고

다만 저 불 같은 오한의 한 세기를 견딜 뿐

시퍼런 두개골에 덧없이 박히는 대못

강철 얼음 속의 고뇌마저 바닥난 채

다 삭은 허명의 한때를 나부끼는 생애여

물의 실핏줄이 보인다

저 얼음덩이 속 얼음의 결정을 유심히 들여다보면 보인다, 결빙의 한순간에 결사적으로 버티다 터진 무수한 물의 실핏줄이

그 절체절명의 저항의지가 엄습하는 결빙의 신경을 바싹 잡아당겨 얼음덩이 속 얼음의 결정은 날카롭게 모가 빛나고

저렇듯 고고의 산정에 나부끼는… 몇 송이 눈

홍류동(紅流洞)

 네게로 굴리고 가는 청동의 이 수레바퀴, 내 모든 허욕과 오만 낱낱이 짓뭉개며 끝내는 피 삭고 살 닳아 혼절하고 말지라도

 이제 이 지상의 부끄러움 죄다 벗고 저 냇바닥 돌을 들어 치졸했던 날 죽이고 홍류동 저무는 물소리 귀를 씻고 듣나니

진흙 수렁

이 세상 그리움 끝에 벼랑 하나 있습니다
성한 몸으로는, 성한 그 피와 살로는
한사코 오르지 못할 바위 벼랑 있습니다
기진한 목숨 앞에 돌을 실어 부어도
기껏 몸살로는, 그 몸살 끝 잔기침으로는
도무지 건너지 못할 진흙 수렁 있습니다

저 가을볕이

저기 저 가을볕이 내게 죄민타 하네
저기 저 가을볕이 내게 죄민타 하네
하 그리 질정 못할 길 차마 떼어 놓고선

여윈 뼈 마디 마디 피리 구멍을 뚫어
여윈 뼈 마디 마디 피리 구멍을 뚫어
한사코 하늬바람만 울먹이게 하고선

저기 저 가을볕이 내게 용하다 하네
저기 저 가을볕이 내게 용하다 하네
안으로 안으로 뱉는 핏덩이를 주고선

뼈 하나로 떠돈다네

죽은 사람 어떡허노, 흙구덩이 파고 묻지

그렇게 차례차례 흙구덩이 묻고 나면

지상에 마지막 남은 그 한 사람 어떡허노

그 한 사람 어떡허노, 누가 살아 묻어 주노

흙구덩이 파 놓아도 묻어 줄 이 없는 것을

그래서 그는 못 죽네, 죽지 못해 떠돈다네

죽지 못해 떠돈다네, 긴 여름 더딘 봄을

그 숱한 진눈깨비 눈보라 소낙비에

온전히 살은 삭아도 뼈 하나로 떠돈다네

못과 망치

1
그래, 저 벽면에
못이
박힌다고?

천만에, 못은 다만
망치의 오만 앞에

차디찬
치욕의 한때를
물고 있을 뿐이다

2
느닷없이 정수리를
내려치는
망치의 힘

벽에 박힌 순간부터

굴종의 뼈를 씻어

완강히
뽑힌 채 있다,
형형한 저 못의 눈!

3
박힐 자리 제대로 박혀
한 세상을
버팅기는

사람들은 저마다
하나씩의 못인 것을

그 숱한
피멍 삭이며
기다리는 신(神)의 망치

청동의 좀

노란 점멸등이 깜박거리다 이내 푸른 신호로 옮겨가듯이 영안실을 빠져 나온 공기는 가볍게 신생아실 환풍기를 비집고 든다

청동의 조형물에 청동의 좀이 슬어 온전히 제 살을 뜯어 먹고 스러져 가기까지는 정확히 말해서 청동의 시간이 필요하다

마침내 하나의 상징이 스러져 가기까지는

헌 살은 피를 버리고
―어느 단죄

겨울 저녁의 못은 거대한 흡반이다

황급히 빨려드는 앙상한 풍경 속에

도무지 종잡지 못할 마음의 길이 보인다

결빙의 한 세기는 마침내 저물어서

덧난 상처마다 헌 살은 피를 버리고

타다 만 불티 몇 개만 세상 밖을 떠돈다

묵언집(默言集)

1
처음엔 너를 부를 이름을 몰라 이름을 몰라 너 있는 곳 가차이 설레이던 바람 그 바람에 하염없이 일렁이던 물무늬

말로는 못하고 차마 벙글어 맺히기만 하는, 마침내는 목련이 목련 나름의 생각으로 가지 끝에 연신 꽃을 물어 올리듯

유백색(乳白色) 향기로 은은한 꽃을 물어 올리듯

2
때로 너는 지고한 산정의 적설처럼 앉아 그 아슬한 기슭에 자빠지고 곤두박히며 온몸으로 피 흘려도 나는 오르지 못하고

가도 가도 아득한 봄날, 더는 어쩌지 못하게 간절한 마음일 때 그제서야 너는 내게로 온다 내게로 와 물이 된다

그 오랜 결빙을 풀고는 내게로 와 물이 된다

3
참말이다, 너를 생각는 날은 내 눈썹에 푸른 대밭이 일어선다 네 사랑의 굵은 장대비를 맞으며 푸른 대밭이 일어선다

그 대밭 그 몸서리칠 장대비 다 그친 뒤 어느새 내 늑골엔 피리 구멍 하나 뚫려 낱낱의 그 실핏줄이 죄다 풀려 나가듯

네 앞에 환한 목숨이 죄다 풀려 나가듯

4
눈부셔 눈 못 뜨도록 참 가당찮은 부끄러움도 부끄러움이지만 타는 불방망이로 네 울음의 종신(鐘身)을 때리느니 종신을 때리느니

이제 그 울음의 못물 가득 가슴에 실어 더러는 연잎 띄워 그 연잎에 눈을 씻고 가다간 서늘한 물그늘 연밥 앉혀 살 삭이며

 아아 저 광대무변에 번지는 내 사랑은 수묵(水墨)

물 길러 간다

1
그대 머리맡에 물 길러 간다
그대 벼랑 끝에 물 길러 간다
밤 가고 부신 새벽녘
숯이 되어 남는다

2
설사 금이래도 그것은 돌 속의 일
혹은 은이래도 그 또한 돌 속의 일
사랑은 치명의 맹독
돌의 살을 녹인다

3
저 물이 없는 연못에도 연은 올까?
저 꽃이 없는 세상에도 새는 울까?
서늘한 목숨의 그늘
제기 하나 놓인다

꽃과 질그릇

1
그대 꽃집에 와 꽃을 고르실 때면
나는 그저 벙그는 열망에 불붙는, 그러면서 활짝 피지는 않고 힘 주어 막 피어나려는 순간에 멎은,
그대 눈 침침할 때면 그제사 폭싹 재가 되는,

2
그대 내 생각의 저 안컨 대숲 그늘 서늘한 한 채 절간이라면
내 그리움은 글쎄 그 절간 들목 어디 억새꽃 자지러진 산자락쯤 되랴
그것도 단청이 낡은 채 기웃대던 하늘가에

3
내가 끝내 한 개 그릇으로, 그릇이래도 이 빠진 질그릇으로나 와 앉기까지
가을은 또 몇 번씩의 천식을 앓으며 저 샐비어 꽃밭에 불이나 지피다 가고,

더러는 투정조로 울며 투정조로 달라붙고,

제2부 마흔의 가을

세속

씻어도 씻어도 끝내

오욕의 때는 남아

내 누린 환희도 희열도

그 죄다 사치였음을

창 너머 불현듯 부푸는

목련 보고 아느니

매천(梅泉) 생각

―秋燈掩卷懷千古[*]
　難作人間識字人

1
지리산이 참으로 늠연한 높이를 가지는 그쯤에 댓돌이 놓이고 시대의 절망을 걷던 가죽신 한 켤레 거기 놓여 있다

천은사(泉隱寺) 내린 물이 청대숲 그늘에 일던 당대의 오만과 만나고 헌 신문지에 싸인 몇 장의 교지가 손때 묻은 안경집과 합죽선을 만난다

일찍이 손바닥만한 벼루 하나로 난세의 온전한 아픔을 갈던 이여

2
몸으로는 끝내 몸으로는 감당치 못할 삼남의 오한을 다스리며 얼레빗 참빗 들어 빗어 놓은 희디흰 목숨의 안뜰을 지나

지리산이 참으로 넉넉한 그늘을 내리는 그쯤에 단청은

낡고 청자 연적이 하나 등 오그린 채 상기도 붉은 아가미를 닫지 못하거니

그 곁에 끝이 다 닳은 모필(毛筆) 한 자루 무시로 흔들리고 있다

* 매천 黃玹이 남긴 「絶命詩」의 한 구절

마흔의 가을

1
놋쇠 항아리로 갠 가을 하늘가에
뉘인가 오랜 날을 아프게 금 그어 둔
지금은 낡아서 희미한
못자국이 보인다

2
여름내 서걱이던
내 두발은 만리 갈밭
그 갈밭 어디쯤인가
옹당못 하나 패어
먼 길을 쫓겨온 장한(壯漢)이
마른 피를 씻나니

3
누구나 저 눈부신 가을볕에 나앉으면
한낱 진흙덩이 진흙덩이에 지나지 않는
설핏한 목숨의 그늘도

보일 만큼은 보인다

하늬바람에게

그래, 이제 저 가을 못물 보며 살까 부다
쉬엄쉬엄 걸으면서 시나 몇 줄 캐면서
도채비 물귀신 같은 남루 벗어 던지고

바람도 하늬바람 불어오는 가을볕에
살아 한때 비리던 피 그 모진 사랑의 먹피
여태도 설레는 못물 저 못물에 다 주고

가난이야 명치 끝에 삭히는 금침인 거
무성한 그 쑥대밭 돌이 박힌 한 시절도
거두어 지천명인가, 그냥 씻고 살까 부다

감

한낮의 진흙 속에 웅크린 천수관음
하늘 놋쟁반을 닦고 또 닦아서는
저 환한 감나무 한 그루
이고 서게 하누나

천상의 감미로나 잘 익은 것이
가을의 한복판에 툭, 하고 떨어진다
몹사리 허공에 타던 공복의 피톨이 터지듯

지상의 감은 기실 한순간에 익는 게지
참고 참았다가 초가 되어 떨어지는,
꼭지를 물었던 그 힘이
마지막 풀리는 순간에

소나무 경(經)

늙은
소나무는

어디서나
하나의 종교,

마음을
빗질하는

바람이 일 적마다

몇 갈래
세상의 길이

환히 비쳐 보인다

섬이 이렇듯

  검은 바다 위에 섬이 이렇듯 아름다운 폭발의 기억으로 남아 있기까지 섬이 이렇듯 속 깊이 앓던 불을 삭여 숭숭 서러운 바람 구멍을 내어 놓기까지
  사람들은 향기로운 폐허의 예감 속에 철근을 쑤셔 박고 콘크리트를 비벼 넣으며 온갖 허섭쓰레기 헛기침으로 세기말의 짧은 평화를 구가하느니

  그
  섬의
  내밀한 불은 다만 쉬고 있을 뿐이다

꽁치와 시

포장집 낡은 석쇠를 발갛게 달구어 놓고
마른 비린내 속에 앙상히 발기는 잔뼈
일테면 시란 또 그런 것, 낱낱이 발기는 잔뼈

—가령 꽃이 피기 전 짧은 한때의 침묵을
—혹은 외롭고 춥고 고요한 불의 극점을
—무수한 압정에 박혀 출렁거리는 비애를

갓 딴 소주병을 정수리에 들어부어도
미망의 유리잔 속에 말갛게 고이는 주정(酒精)
일테면 시란 또 그런 것, 쓸쓸히 고이는 주정(酒精)

연탄재 시인

한때는 세상 한켠에 발갛게 타올라서

하다 못해 그 포장집 석쇠라도 달궈 놓고

설익은 갈망의 잔뼈를 추스려도 보았지

어느새 그 불씨도 상소리도 죄다 식어

미혹의 뻘물 속에 무참히 처박힌 이마

막막한 잡풀의 연대를 쑤석대고 있구나

쥐

    은밀한 구석배기 쥐똥을 보는 순간 놈은 내 의식의 한 끝을 잡아당기며 잽싸게 틈을 비집고 옹송그려 앉는다 연신 바스락거리는 미망의 좁은 통로를 황급히 내달려도 가닿을 길은 없고 갉아 낸 시간의 흔적만 톱밥마냥 쌓인다

시간

태엽에 감긴 둥근 선입견이다 늘 조바심 속에 옹송그리고 앉아 있다
부스스 마른 버짐이 핀 아이들의 슬프게 여윈, 그러나 잘 발달된 발목뼈가 희게 드러난다

낡아서
환한 목숨의
이끼 위에 스는 좀

춤

신(神)이 내리는 길은 본디 눈에 안 보여

붉은 오랏줄의 고삐가 끊어지면서

마침내 광란의 무희, 작두 위에 서게 하지

낡은 형이상(形而上)의 잡초길 언저리엔

숱한 사금파리 쇳조각이 반짝이고

설레는 귀천의 시간, 대 끝에나 붐비지

뻐꾸기 소리

 등줄기에 시퍼런 도끼날을 먹은 듯 적막한 여름 한낮, 그런 날의 뻐꾸기 소리는 그냥 무심코 들을 수가 없다

 오래 홀로 듣고 있노라면 낡은 툇마루가 거뭇해지고 더운 김이 솟는 흙담장밑 목단꽃 그늘이 거뭇해지고 새삼 먼 산의 초록이며 뽕나무 밭두덕이 거뭇해지고

 어쩌면 남몰래 주고받는 저승 사람들의 이야기꺼정도 샘물처럼 두런두런 흘러들 것만 같아진다

한중한(閑中閑)

1
팔만대장경은 고름 닦은 헌 종이요
역대의 조사들은 지옥의 찌꺼기요
삼세의 모든 부처는 마른 똥막대기라*

2
한중한(閑中閑), 이 한 구절을 어느 선시집(禪詩集)에선가 읽고 온종일 맥이 풀린 채 산자락 물소리만 하릴없이 건너다본 적 있다

사람들이 다 돌아간 절집 뒤뜰 댓그늘은 너무 환해서 세상의 길이 안 보이고, 곱게 물든 감잎새 질 적마다 내 마른 피는 까닭 모르게 조금씩 잦아드느니

쯧, 쯧, 쯧, 혀를 차며 흐르는 저녁 물소리만 깊다

3
그러께 말고 그끄러께 여름 지리산 칠불암(七佛庵) 골

짜기에 가서, 칠불암은 뵈지 않고 그냥 칠불암 간다는 에움길만 비스듬히 걸려 있는 칠불암 골짜기에 가서

세속의 잗단 타성에 길든 마음만 먼 민박집 감빛 등촉에 하염없이, 는개 그친 산 물소리 바람소리 풀벌레소리에 하염없이 하염없이 젖는 골짜기에 가서

보느니, 밤 서녘에 부신
비늘구름
일편(一片)

* 性徹 스님의 법어

수박을 쪼갠다고?

칼
날이
닿기 전에
수박은 자복한다
붉게 잘 익은 음모
백일하에 드러내며
새까만
죄의 씨앗을
낱·낱·이
뱉―아―낸―다

강동(降冬)의 시

그러나 직립한다, 강동의 사내들은

저 끝없는 황량에
결빙을 못질해도

견고한 뼈를 씻으며
불퇴전의

활을
든다

소나기

한 이 통 리 는
순 박 마 는 장
간 히 냥 구 쾌
에 는 일 겨 한
항 세 거 서 저
하 상 에 패 힘
사 한 구 대 의
의 낱 겨 기 난
못 깡 버 치 장

빈집

고두이던살   다는놓을길
떠   원
난   여
녹   에
슨   끝
물   지
펌   가
프   감
에   은
낮   굽
뻐꾸기울음만이무시로건너와서휘

추상 · 2

키작은나귀타고예수
가가고있다연신갓끈
을죄며뒤따르는베드
로는객주집몇잔의술
에너스레를놓고있다

입추

남도잡가의 구겨진 치마폭처럼 가을은 오고

나의 센티멘털보다
떨리는 몸짓으로

바람에 할퀸 낮달이
빈 수레를
끌
  고
    있
      다

못

1
숱한 담금질 끝에
직립의
힘을 고눠
마침내 일어서는
견고한
자존의 뼈
스스로 극한의 빙벽을
이를 물고 버틴다

2
못을 친다,
저 생목(生木)의
건강한 육질을 밀어
그 환한
정수리에
굵은, 대못을 친다
한 시대 처연한 꿈이

앙칼지게 박힌다

3
닫힌 저 엄동의
난만한
못통 속에는
끝내
상하지 않고
온전한 야성들이
첨예한 긴장의 한끝을
서느렇게 벼린다

꿈꾸는 반도(半島)

1
그냥 산이어선 안돼, 그냥 그런 산이어선
스스로 골짜기를 팬, 그런 속살의 아픔을 아는,
그 온갖 푸나무 자라고 새떼 깃드는 그런 산

마을과 마을을 감싸고 남북 천리를 달리는,
엔간한 철조망이나 까짓 지뢰밭쯤은
가볍게 발등으로 차 버리고 휘달리는 그런 산

2
그냥 물이어선 안돼, 그냥 그런 물이어선
스스로 등판을 찢는, 그런 피의 고통을 아는,
수천 척 직립의 벼랑을 뛰어내리는 그런 물

무수한 골짝과 골짝 그 무지와 황량을 돌아
적의의 날선 칼을 혀끝으로 다스리며
마침내 스스럼없이 만나 몸을 섞는 그런 물

황국(黃菊) 앞에서

아아 낯술이 올라 벌건 사십대여
갈볕에 속절없이 쭈그러진 놋주발이여
서릿발 고절(孤節)의 길 위에 닳아빠진 낯바닥이여

5월

5월에
길 있다
막다른 그 골목길
난만한 구둣발에 쫓기고 쫓기다가
무참히 쭈그러진 채
내던져진
깡통 있다

5월에
칼 있다
숫돌에 날 씻은 칼
그 칼로 빚어 만든 나무 십자가 있다
비릿한 핏물에 엉긴
어머니의
눈물 있다

5월에
물 있다

맨발로 건너는 물
그 물 건너 감꽃 지는 먼 마을의 산역(山役)
스스로 숯이 된 목숨
다독이는
불씨 있다

제3부 장작을 태우며

꽃밭에서

봄비는 아편 묻은 하나씩의 실핀이다

일테면 또 그것은 실핀 끝의 전율이다

벙그는 꽃밭 언저리, 저 난만히 번지는 독성(毒性)!

한천(寒天)

한천에
칼 한 자루
거꾸로 박혀 있다

어느 일순이면
떨어져 뇌수에 박힐

눈부신
단죄를 꿈꾸는
저 살의의 충만!

가시나무는

가시나무는 그냥 바라만 보아서는 모르고
그 덤불 속을 불같이 휘달려 보아야만 안다
그것도 깡마른 겨울날 그 다 벗은 알몸으로

꽃도 꽃이지만 온 산턱이 긁히어 있는
저 불가사의의 야성을 뉘도 어쩌질 못한다
더구나 엄동에 붉은 열매를 환약처럼 물고 있으니

왕지(王旨)
―슬픔을 위하여

짐(朕)이 이제 한 시대의 슬픔을 방목하노니
뉘도 아예 근접치 말며 다스리려 하지 말라
참으로 온전한 슬픔이 온전하게 커 가게 하라

그의 허리에는 빛나는 옥대를 두르고
이마며 가슴께는 무수한 영락을 달아
눈부셔 아름다운 슬픔이 아름답게 커 가게 하라

궐 밖 밝은 햇빛 층층이 닫아 걸고
어둠에 젖은 숲과 외로움에 길든 뜰을
넉넉히 그 곁에 두어 우울의 심연 짙게 하라

그리하여 저문 후원을 그가 홀로 거니리니
내 무거운 왕관 벗고 용상을 내려가서
혼곤한 그 품에 아득히 여윈 잠을 묻으리로다

파밭에서

매운 파밭에서 노동의 아침을 본다

저마다 눈부신 대궁이를 뽑아 들어도

어쩌면 그것은 하나의 성토(聲討)처럼 보인다

입하 전후해서 대열은 무너지고

잎이 쓰러지며 마지막 거두는 평화

끝내는 적막을 가르는 먼 총성이 들린다

순진무구를 위하여

 은(銀)의 쟁반에 잘 씻은 과물들을 담아 들고 가던 순진무구가 돌을 맞는다 느닷없이 어디선가 날아온 돌에 머리를 다친다 아프게 피 흘리는 순진무구를 몽매의 구둣발이 와 걷어차고 무지막지의 가죽장갑이 달려들어 마구 몽둥이를 들이댄다 <개 패듯이>

 기진한 순진무구가 나동그라진다 비명도 없이 나동그라지며 은의 쟁반을 버린다 포도에 넘치는 순진무구의 피를 무수한 흙발이 와 짓밟고 짓밟으며 흩어진 과물들을 와싹와싹 씹어 삼킨다 이윽고 부러진 순진무구의 꼭뒤를 쇠갈고리로 낚아채고 황급히 사라지는 <정체불명의 손>

 그때다, 수 발의 총성이 창을 흔들고 지나간 것은!

우리 사랑은

1

예나 지금이나 수인성(水因性)의 우리 사랑은 물을 매개로 하여 옮아 다닌다고 한다 열에 뜬 입술로 하여 옮아 다닌다고 한다 그러니까 또 문득 생각나는 일이지만 그 높은 발열과 오한·설사·구토의 징후는 애당초 옮아온 물기를 잘못 삭인 탓 아니랴

2

우리 사랑은 또 우연한 가려움증으로나 와 긁고 긁다보면 진이 물러 터지고 끝내는 눈부신 화농(化膿)의 부스럼을 남기나니 한번 덧난 부스럼은 헤집을수록 살이 헐고 그리하여 긴 봄날을 그냥 두고 앓으며 벌겋게 드러난 흠집을 감추지도 못한다

천년의 하루

가령 저 선사의 땅 설원 만리벌을
아니면 또 수천 리 저무는 그 산협 길을
뉘 없이 우리 둘만이 무장 걸어서 간다면?

아아 저 끓는 남빛 그 시원의 바다에서
장엄하게 해는 뜨고 다시 지는 대삼림을
눈부신 적동색 갈기를 휘날리며 그렇게!

나의 돌도끼엔 야성의 피가 번지고
너는 또 뭇짐승의 생육을 찢어 말리며
아득한 천년의 하루를 그리 살아나 간다면?

수렵의 길

조금씩
아침마다
열려 가는 천궁을 보며
서둘러 떠나느니, 수만 리 수렵의 길
가서는 다시 또 못 올, 그 맨발의 사내의 길

서서히 침강하는 대륙의 경사면을
달리면서 은흑색의 모발을 나부끼고
불타는 빙하의 산협에 돌도끼를 던지던,

몇 개 골각편에 야성의 이마를 묻고
쓰러져 간 사내들의 피 묻은 늑골에서
그렇다, 맨처음 비롯된
오오 저
눈부신 자유!

빛이 때리는 대밭처럼

그래 너 가더라도 빛이 때리는 대밭처럼
세상에서 제일 밝은 빛이 때리는 대밭처럼
그렇게, 가더라도 그렇게, 빛이 때리는 대밭처럼

살아 한때의 이 허망도 저리 빛으로 받고
사련의 떫은 피마저 저리 빛으로 받아
그 온통 숨막히듯 그렇게, 빛이 때리는 대밭처럼

가더라도 그래 너 빛이 때리는 대밭처럼
짙푸른 댓그늘에 수직으로 내려꽂히는
으시시 몸 시린 그 빛, 빛이 때리는 대밭처럼

먼길

물에 잠기는 땅, 임동면(臨東面) 망천1동(網川一洞)
길을 따라 연이어 핀 망초꽃도 서러운
우리네 허구한 날의 시장기를 어쩔 건가

먼길을 까닭도 없이
사람들은 간다더라
뿌연 흙먼지 속에 낮종소리 끊긴 날은
예배당 낡은 첨탑도
서(西)으로나 기울고

살아 한두 철을 떫은 물은 든다지만
마지막 가을빛이 지상의 콩밭에 타고
저만치 행락의 눈부신 버스 길도 보인다

사람 한평생이

1
사람 한평생이
다 그렇고 그런 기라
삭신 부서지게
애명글명 살아 봐도
또 하냥 섭섭키만 한
이 낭패를 우야꼬

천둥지기 서마지기
물 담는 것 봤잖는가
그래, 니 심정을
내가 설마 모를 턱 있나
대 끝에 삼 년이락커늘
그리 살아 보는 게지

2
다만 모진 것이
땅찔레 같은 우리네 목숨

뻐꾸기 한 철이믄
깜부기도 한 철이제
그 무슨 기막힌 신명
따로 또 있을락꼬

억장 무너질 일이야
쌔고 또 쌘 거 앙이가
살다보믄 그 더러는
홍두깨 꽃필 날 있고
정이사 환한 저 장독대
햇살처럼 드는 기라

옥천(沃川) 이모

충청북도 옥천군 청산면 대시리,
거기 아득한
거기 눈비 오는 땅에
서러운 이모는 산다
일자 무식의 이모는 산다
어려서 반편 수족 바람에 맡긴 채로
그 바람이 얻어다 준 눈먼 낭군을 따라
수척한 충청도 길을
홀로 떠난 이모는 산다
어디라 둘러봐도 살붙이 하나 없고
녹슨 문고리에 손이 쩍 얼어붙는
청산장 삼십리 길의
눈발 같은 이모는 산다
봄이면 그 봄마다
산복숭아 꽃은 펴도
한번 가마, 그 안부에 잔기침만 도로 붉고
강물이 풀려도 끝내
오지 못하는 이모는 산다

옥중에서
−춘향의 독백

저 하늘에 전중사는 직녀란 년은 그래도 나아
남 다 자는 밤을 가려 오작교를 넘어설랑은
견우놈 생멱살 잡고 울어 실컷 하소나 하지

열두 줄 현을 뜯던 그 밤의 아픔도 아픔
동헌(東軒) 뜰에 피를 뱉아 머리 풀던 아픔도 아픔
뉘 있어 이 망할 짓의 치마끈을 죈다냐

돌에 관한 명상

1

국화 송이로 퍼지는 국화 송이로 퍼지는 차디찬 파열음을 듣는다 그것은 어처구니없는 일이다 푸른 이마에 와 부딪는 눈먼 질주 하얗게 빛나는 성좌 일순 물에 잠긴다

2

돌 하나가 이를 악물고 돌 하나가 악다구니 소리를 지르고 돌 하나가 쿵쿵거리며 쿵쿵거리며 돌 하나가 속수무책의 노을 속에 잠긴다 이윽고 돌을 삼킨 돌 하나가 시뻘건 돌을 토해 놓는다

3

돌의 살을 비집고 들어가면 돌의 시생대(始生代) 그 아득한 어둠이 출렁거린다 출렁거리는 어둠 속에서 튼튼히 일어서는 핏물에 엉겨 비릿한 돌의 전신을 만난다 티 없이 맑고 따스한 돌의 꿈을 만난다

4

 돌의 꿈은 돌칼이다 돌팔매다 돌장승이다 닳고 닳은 채로 물밑 땅의 조약돌이다 끝내는 아픈 균열 끝의 눈부신 저 승천이다

온달에게

1
흔해빠진 김해김씨 혹은 밀양박씨의
흔해빠진 흔해빠진 흔해빠진 사랑이지만
한 오리 벌려만 놓은 물길 같은 사랑이지만

사랑이사 가을날의 반짝이는 유리잔 속에
몇 개의 충동 혹은 몇 개의 사유를 놓고
한 목숨 빛깔도 환히 홍옥으로 앉히던 것

2
그대 살던 순수의 땅은 여기서는 아주 멀다
무작정 평강이 울던 궐문도 궐문이지만
그 산속 은전의 햇볕도 그냥 너무 멀기만 하다

장자(莊子)의 물

천천히 산을 씻고 산을 돌아 흐르느니
성수(聖水) 아니래도 눈을 씻어 볼 일이다
안 뵈던 산의 음영이
그예 젖어 오리니

절로 고요도 걷힌 그런 한때의 자연을
지줄대며 그 더러는 누워 흐르는 반석
이우는 도화 가지야 그쯤 두고 볼 일이다

어디 금세라도 무너질 듯 장중한
청록빛 저 석산의 아득한 골짜구니를
서늘한 물길 한 자락
이어 오고 있으니

본리동구(本里洞口) · 2

세발 자전거를 탄 아이 몇몇이서

하늘에 뜬 실낱 같은 강둑길을 가고 있다

상심도 물때가 앉아 그냥 따라 가고 있다

은피라미떼 무수히 햇살에 곤두박혀

철없이 반짝이는 배때기를 보여 주며

먼 서역 언저리쯤의 물무늬를 감고 있다

봄에

무수한 실지렁이
눈에 아른거려
까닭없이 왼 마음이
궁거워 오는 날은
햇볕도 가려워 못견딜
부스럼을 뜯느니
덧난 부스럼도
그 햇볕에 잘은 낫고
얼싸 어우러져
매도 맞아 좋은 날을
보겠네, 휘드린 수양의
알종아릴 보겠네

천내동(川內洞) 가을

천내동 가을빛이 옛날에 눈맞춘 너의
눈빛 같다 희망 같다 삭아 내린 맹서 같다
단추를 달면서 잠시 망설였던 어느 아침,
선 채로 문득 듣는 물소리도 그렇지만
연륜의 길섶에서 따내 버린 실밥 같다
꿰매는 단춧구멍에 얼비치는 눈물 같다

장작을 태우며

 마른 장작이 타는 아궁이에선 열대여섯 그 또래 계집애들의 무수한 작은 입술이 모여 째작째작 껌 씹는 소리를 낸다

 태반은 그을음이 되어 혹은 연기가 되어 사라지지만 개중에도 오래 씹히는 아픔은 남아 양심의 보드라운 재가 되기도 하고

 더러는 불티가 튀는 사루비아 꽃밭이다

철들 무렵

　병에 담긴 물을 엎질렀을 때 엎질러진 물은 이미 병 속의 물이 아니다

　이 평범한 진리 때문에 우리는 우리의 삶을 엎지르질 못한다

　가을날, 눈물을 참는 하늘 또한 그 때문이다

엮음 수심가(愁心歌)

　－이점분(71)
　죽은 우리 영감은 살아 생전 등짐을 너무 많이 져서 어깨부텀 썩었겠지만 내사마 밭일을 하두나 많이 했응께 허리부텀 썩을 것이구먼 아마

　평생을 땅 파먹고 애명글명 삭신 부서지게 살아 왔으믄 서두 우리네 애옥살이 어둡살이 가시긴커녕 어디라 맘 터억 놓고 앉아 얘기도 질탕 못해 본 아아 이 웬쑤의 팔자여

　그래도 보리 까끄라기의 고향, 그 흙 좋아 사능겨

　－홍술건(55)
　손이 밭고랑같이 부르트도록 일한 보람도 없이 감은 물러 터지고 조합빚은 자꾸 늘고 어디 대처로 나가재도 무일푼에 글은 짧지 붙여 볼 데가 있나

　울화가 치밀어도 더는 어쩌지 못할 콩밭머리 두어 뙈기 늦더위나 갈아 엎고 누를 황(黃)의 쇠똥 냄새 말라붙은 해

거름을 에굽은 논길을 따라 마른 물꼬나 손보고

삽날만 퍼렇게 울면서 돌아오는 것이지

─김억만(69)
고향 가믄, 없는 놈이 고향 가믄 무엇하노 그냥 암데서나 솥 걸고 자식 보고 논마지기 부치며 살믄 사는 거지

사연은 무슨 사연, 왜정 때 그저 안 죽고 살아볼라고 열세 살 나던 해 무작정 들어와선 숯쟁이가 된 거지, 화악산 숯쟁이가 된 거지

이제사 눈조차 침침해 이 짓도 곧 작파할껴

─천금화(58)
수염이 허연 할아버지가 문을 활짝 열자 닭이 홰를 치며 울었지 이상해서 사주를 보니 자주 수건을 쓸 팔자라나

예닐곱 살 때 시름시름 신열이 와 짜증이 나고 꿈에 흰 호랑이가 나타나 허리를 물면서 굴신을 못하게 아팠지 머리를 치면 머리가 아프고 등을 치면 등이 아프고

그 뒤로 굿 잘 한단 소문에 한창 불려 다녔어

—윤종금(45)
처음 이곳에 올 때 그이는 그랬어요, 한 5년만 막장일을 하겠다고, 그런 다음엔 농장을 지어 과실나무를 심고 강변에서 오리를 기르겠다고……

그이가 가던 그날 저녁도 앰뷸런스가 저렇게 울리고, 저탄장 탄가루를 뒤집어쓴 채 일그러진 루펑집 창틀이랑 좁은 골목길이 불길처럼 흔들렸어요

그래요, 20년이 지나도 못 뜨는, 우회도로도 없는, 고한

─조옥술(80)

　문경 금천 예천 내성천 안동서 흘러온 낙동강물이 예서 만나 그래서 삼강(三江)이고 삼강주막이지 배 있는 강가에 사니 그 할매 택호가 뱃가할매고

　구멍 숭숭한 흙벽 시래기 몇 줄 걸고 드센 강바람이랑 잔모래 속에 국밥 말아 주고 잔술이나 팔며 살지만 그 할매가 쑥떡방맹이야 큰물에 세 번 떠내려간 집 세 번을 다시 지었지

　영감은 6·25 나기 전에 벌써 세상 버렸고

─나매희(82)
　장 허던 소린디 왜 못허겄어 근디 뭔 신명이 나야 허지 예전에 모시 짜다 심심허고 잠 오믄 잠 쫓을라고 참 많이들 허곤 혔디

　다 기계로 혀도 이 일만은 기계로 못혀 손이 많이 가고

품도 많이 타 골병 들기 꼭 좋지 열 손가락 침을 발라 밤새도록 삼고 나믄 어느새 달이 지고 첫닭이 또 울고
  사는 게 뭐 별거 있간디 모시 고르다 베 고르는 게지

  -이길남(79)
  허드렛일은 본시 새끼 목수 차지라 처음엔 대팻밥 치우고 걸레 빠는 일이 고작이었어 광주천 가서 걸레를 빠는디 그땐 천변이 왼통 뽕밭이라 그 속에 들어가 울기도 참 많이 울었구먼

  나무는 어르고 달래야지 왈긴다고 되남 나왕 같은 게 어디 나무간디 강물에 한 삼 년 푹 담갔다 꺼낸 홍송이 젤이지 뒤지 않고 오래 가거든 본새야 볼품없이 거무데데해도 속은 붉은 기운이 살아 있어

  사람도 그런 홍송 같은 사람 시방 세상에 흔치 않아

해설   견고한 지조의 미학

이 경 호

문학평론가, 광주대 교수

　박기섭의 시조세계를 이끌어 가는 원동력은 저항과 긴장의 몸짓에서 생겨나고 있다. 이번의 선집에서 빼어난 면모를 과시하는 다음과 같은 작품에서 우리는 그러한 사실을 확인할 수가 있다.

　저 얼음덩이 속 얼음의 결정을 유심히 들여다보면 보인다, 결빙의 한순간에 결사적으로 버티다 터진 무수한 물의 실핏줄이

　그 절체절명의 저항의지가 엄습하는 결빙의 신경을 바싹 잡아당겨 얼음덩이 속 얼음의 결정은 날카롭게 모가 빛나고

저렇듯 고고의 산정에 나부끼는… 몇 송이 눈
　　　　　　　－「물의 실핏줄이 보인다」 전문

　얼음덩어리를 유심히 살펴본 사람이라면 누구나 그 속에 선연하게 새겨진 흔적이 있음을 발견하게 될 것이다. 물이 결빙되는 과정에서 생겨난 그 흔적은 무수하게 갈라진 직선의 모양을 보여준다. 그 모양은 얼음의 힘줄처럼 보이기도 하고 얼음의 상처처럼 보이기도 한다. 시인은 그 힘줄과 상처의 모양을 하나로 결합시킨 상상력을 동원하여 "버티다 터진 물의 실핏줄"이라고 규정한다. 시인의 상상력은 물이 얼음으로 변화되는 상황을 물의 저항 과정으로 받아들인다. 가혹한 온도 변화에 저항하면서 선연한 상처 자욱을 남기는 물의 몸짓을 "버티다 터진 물의 실핏줄"이라고 상상해본 것이다. 이러한 상상력은 자연의 사물에 대하여, 그리고 그것에 빗대어 표현하는 삶에 대하여 시인이 간직하고 있는 사유와 정서의 방향을 암시해 준다. 시인은 대체로 가혹하게 주어진 환경에 맞서는 존재의 몸짓을 시적 상상력의 가장 주요한 핵심으로 거머잡으려고 하는 것이다. 그 몸짓은 이육사의 「광야」라든가 조정권의 「산정묘지」 같은 작품에서 우리가 이미 목도한 바 있는 견고하고 강인한 남성적 사유와 정서가 결합된 것이다.
　남성적 사유와 정서의 견고한 속성은 시인이 선택한 사

물의 이미지가 고체로 표상되고 있는 특징 속에서 입증된다. 앞에 인용한 작품에서 "실핏줄"이 유동적인 액체의 상태로 표현되지 않고 "결빙"의 고체 이미지로 표현된 것도 그런 특징을 입증하는 하나의 사례이다. 그는 부드러운 형태로 순환의 역할을 감당하는 액성 이미지를 고체의 이미지로 변화시키면서 대상에 대한 주체적 개입을 시도하고 있는 것이다. "결빙"과 같은 고체 이미지가 주목의 대상이 되는 까닭은 그것이 "절체절명의 저항의지"를 구현하고 있기 때문이다. 시인은 사물의 견고한 속성에서 사물의 생사기로에 처한 존재 조건과 그러한 존재 조건 속에 구현되어 있는 사물의 가열한 저항의지를 찾아내고 있는 것이다. 물이 얼음으로 "결빙"되는 순간이란 물의 존재 상태가 소멸되는 것을 뜻하는 바, 물의 저항의지가 극에 달할 수밖에 없다. 시인은 그것을 "결빙의 한순간에 결사적으로 버티다 터진" 모습이라고 규정하는 것이다.

남성적 사유와 정서의 견고한 속성은 '각(角)의 형상'과 결합되는 모양을 보여주기도 한다. 남성적 사유와 정서를 대표하는 가열한 저항의지는 부드러운 곡선이 아니라 모난 직선의 형상을 취하고 있는 것이다. "그 절체절명의 저항의지가 엄습하는 결빙의 신경을 바싹 잡아당겨 얼음덩이 속 얼음의 결정은 날카롭게 모가 빛나고"에서 우리는 그러한 특징을 찾아볼 수가 있다. 그러한 '각의 형상'은 "고고의 산정"이 어떠한 모양인지를 암시하고 있다.

박기섭의 시조세계에서 견고하고 강인한 속성을 보다 뚜렷하게 구현하고 있는 사물의 이미지는 못이다.

숱한 담금질 끝에
직립의
힘을 고눠
마침내 일어서는
견고한 자존의 뼈
스스로 극한의 빙벽을
이를 물고 버틴다
－「못」 부분

박힐 자리 제대로 박혀
한 세상을
버팅기는

사람들은 저마다
하나씩의 못인 것을

그 숱한
피멍 삭이며
기다리는 신(神)의 망치
－「못과 망치」 부분

이번 시조선집에서 두드러진 이미지로 여러 작품 속에 반복해서 나타나고 있는 못의 이미지는 저항과 상처의 견고하고도 강인한 모습을 가장 대표적으로 구현하고 있다.

못은 우선 수직으로 서 있는 각의 형상을 드러낸다. 수직으로 서 있는 그 자태는 굽힘이 없는 "자존의 뼈"를 상징한다. 그 자태는 조선조 선비의 올곧은 지조를 암시하고 있다. 못의 그러한 자태는 「매천(梅泉) 생각」이라는 작품에서 "청대숲 그늘에 일던 당대의 오만"을 상기시키면서 매천 황현의 곧은 지조를 기리는 이미지로 부상하기도 한다. 그리고 그렇게 곧추서 있는 형상이야말로 강인한 저항의 몸짓을 연상하게 만드는 것이다.

못의 두 번째 형상은 두드려 맞거나 박혀 있는 상태에서 자연스럽게 상처의 속성을 연상시킨다. "숱한/ 피멍 삭이며/ 기다리는 신(神)의 망치"는 운명적으로 거스르기 어려운 시련과 그로 인한 상처를 존재의 속성으로 규정하고 있는 것이다. 그런데 이처럼 못을 통해 규정되는 가파른 존재의 속성이 참신하다기보다는 상식적인 수준에 머물고 있는 것도 사실일 것이다. 그러나 못의 이미지는 "놋쇠 항아리로 갠 가을 하늘가에/ 뉘인가 오랜 날을 아프게 금 그어둔/ 지금은 낡아서 희미한/ 못자국이 보인다"(「마흔의 가을」)라는 표현 속에서 참신한 상처의 흔적을 부각시켜 주는 역할을 감당하고 있다.

앞에서도 예를 들었거니와 못의 이미지 못지 않게 남성

적 사유와 정서의 견고함과 강인함을 대표하는 이미지로 시인이 선호하는 것은 대나무, 그 중에서도 푸른 대나무의 이미지다. 그리고 「매천(梅泉) 생각」은 그러한 이미지를 표현한 가장 뛰어난 시편이다.

1

지리산이 참으로 늠연한 높이를 가지는 그쯤에 댓돌이 놓이고 시대의 절망을 걷던 가죽신 한 켤레 거기 놓여 있다

천은사(泉隱寺) 내린 물이 청대숲 그늘에 일던 당대의 오만과 만나고 헌 신문지에 싸인 몇 장의 교지가 손때 묻은 안경집과 합죽선을 만난다

일찍이 손바닥만한 벼루 하나로 난세의 온전한 아픔을 갈던 이여

2

몸으로는 끝내 몸으로는 감당치 못할 삼남의 오한을 다스리며 얼레빗 참빗 들어 빗어 놓은 희디흰 목숨의 안뜰을 지나

지리산이 참으로 넉넉한 그늘을 내리는 그쯤에 단청은 낡고 청자 연적이 하나 등 오그린 채 상기도 붉은 아가미

를 닫지 못하거니

  그 곁에 끝이 다 닳은 모필(毛筆) 한 자루 무시로 흔들리고 있다

— 「매천(梅泉) 생각」 전문

  이 작품에서 푸른 대나무의 이미지가 도입되기 전에 먼저 제시되어 있는 이미지로 주목해야 할 것은 "지리산"과 "댓돌"의 이미지이다. "지리산"은 푸른 대나무의 공간적 위치를 규정해 주는 역할을 한다. 그 공간적 위치란 "늠연한 높이"를 말한다. 못에 의하여 규정된 바 있는 수직의 방향은 "지리산"에 의하여 상승효과를 획득한다. 그러한 공간의 상승효과는 정신의 고고함을 뜻한다. "댓돌"은 그러한 고고함에 강인함을 덧붙이는 역할을 감당하는 이미지이다. 정신의 고고함에 강인함이 덧붙여지는 까닭은 "절망을 걷던 가죽신", 즉 절망의 몸짓을 껴안아야 하기 때문이다. 시인은 고고함만으로 절망을 끌어안기에는 부족하다고 생각한 것이다. 강인한 인내심이 있어야 절망을 감당할 수가 있기 때문이다.
  푸른 대나무는 그런 정신의 고고함과 강인함을 아우르는 이미지로서 비로소 제시된다. 그러나 "청대숲 그늘에 일던 당대의 오만"이라는 표현에서도 짐작할 수 있듯 대나무는 강인함보다 정신의 고고함 쪽으로 경사되어 있다.

오히려 강인함은 "댓돌"과 짝을 이루는 "손바닥만한 벼루"의 이미지에 집약되어 있다. "벼루"가 "난세의 온전한 아픔을 갈"아내는 역할을 감당하고 있기 때문이다.

시인은 정신의 고고함과 강인함이 끝내 감당하는 몸짓이 절명(絶命)임을 2연에서 절실하게 표현해 내고 있다. "몸으로는 끝내 몸으로는 감당치 못할 삼남의 오한을 다스리며 얼레빗 참빗 들어 빗어 놓은 희디흰 목숨"이라고 표현되어 있는 시행에서 절명의 순간을 "참빗"으로 갈무리해 놓는 동작은 선연하고도 아름답다. 그것이 선연하되 아름다움으로 느껴지는 이유는 가혹한 절명의 몸짓이 고요하고도 순결하게 형상화되어 있기 때문이다. 더구나 "참빗"이 대나무로 만들어진 것이라는 사실을 유념하면 푸른 대나무가 순결한 죽음으로 절정에 이른 지조를 암시하고 있다는 점도 깨닫게 된다.

그런데 이 작품의 마지막 부분에서 우리는 예사롭지 않은 의미를 함축한 이미지를 만나게 된다. 그 이미지는 바로 "청자 연적"의 이미지이다. 그 이미지는 앞에 등장한 "손바닥만한 벼루"와 짝을 이루고 있다. 그러면서 앞의 "벼루"가 "난세의 온전한 아픔을 갈던" 역할과 마침내는 절명에 이르는 지조의 길을 암시하고 있는 데 반하여, "청자 연적"은 그와 대비되는 생명의 자취를 암시해 주고 있어서 이채롭다. "연적"은 벼루의 물을 담아두는 역할을 하는 도구이다. 더구나 "연적"의 이미지를 마지막으로 도입

하면서 "상기도 붉은 아가미를 닫지 못한"는 모습을 제시하고 있는 점은 절명의 몸짓이 그 자체로 종결되지 않았다는 사실을 암시하고 있는 것이다. 보다 구체적으로 말해서 "연적"의 이미지는 물과 물을 호흡하는 "붉은 아가미"와 연계되면서 생명의 자취가 아직 남아 있다는 사실을 밝혀 주고 있는 것이다.

그러한 분위기의 변화는 1연에 소개된 지리산의 모습과 2연에 소개된 지리산의 모습이 다른 점에서도 입증이 된다. 1연에서는 "지리산이 참으로 늠연한 높이를 가지는 그쯤에"라고 표현되어 있는데, 2연에서는 "지리산이 참으로 넉넉한 그늘을 내리는 그쯤에"라고 표현되어 있는 것이다. 1연의 지리산이 고고한 삶의 지조를 암시한다면 2연의 지리산은 풍요로운 삶의 깊이를 암시해 주고 있다. 그리고 풍요로운 삶의 깊이는 물의 이미지와 어울려 곧은 지조가 절명의 몸짓으로 마감되지 않고 생명의 몸짓을 기약하고 있다는 사실을 밝혀 주고 있는 것이다.

푸른 대나무가 물의 이미지와 어울리며 빚어내는 삶의 의미는 다음과 같은 시편에서 보다 적극적으로 표현되고 있다.

참말이다, 너를 생각는 날은 내 눈썹에 푸른 대밭이 일어선다 네 사랑의 굵은 장대비를 맞으며 푸른 대밭이 일어선다

그 대밭 그 몸서리칠 장대비 다 그친 뒤 어느새 내 늑
골엔 피리 구멍 하나 뚫려 낱낱의 그 실핏줄이 죄다 풀려
나가듯

네 앞에 환한 목숨이 죄다 풀려 나가듯
—「묵언집(默言集)」 부분

우리는 이 글의 맨 앞부분에 인용된 「물의 실핏줄이 보
인다」라는 작품에서 "결빙의 한순간에 결사적으로 버티다
터진 무수한 물의 실핏줄"이라는 표현이 간직하고 있는
의미를 살펴보았다. 그 표현을 통하여 시인은 물의 결빙된
상태를 주목하고 그 상태가 암시하는 삶의 자세를 드러내
고자 하였다. "결사적으로 버티다 터진 무수한 물의 실핏
줄"에서 시인은 견고하고 강인한 삶의 자세를 찾아내려고
한 것이다. 그런데 「묵언집」에서는 물의 결빙된 상태가 아
니라 유동적인 상태가 중요한 기능을 감당하고 있다. 물의
유동적인 상태에서는 "실핏줄이 죄다 풀려 나가"는 결과
가 생겨나고 있는 것이다. 이러한 결과는 삶의 굳은 의지
가 삶에 대한 사랑과 어울리면서 빚어진 것이다. 삶의 굳
은 의지는 그의 다른 시편들에서처럼 푸른 대나무로 표현
되고 있다. 그리고 그러한 의지와 어울려야 하기에 삶에
대한 사랑 또한 대나무의 형상인 "굵은 장대비"의 모습으
로 표현되어 있다. 그런데 굳은 의지와 사랑이 어울린 결

과 독특한 현상이 전개된다. 사랑이 의지의 견고한 몸체에 구멍을 내고만 것이다. 시인은 그러한 현상을 "그 대밭 그 몸서리칠 장대비 다 그친 뒤 어느새 내 늑골엔 피리 구멍 하나 뚫려"라고 표현하고 있다. 그렇다면 "피리구멍"이 암시하는 역할은 무엇일까? 그것은 생명의 호흡이 들락거릴 수 있는 구멍이다. 그 구멍을 통해 "실핏줄이 죄다 풀려나가듯// 네 앞에 환환 목숨이 죄다 풀려나가듯" 아름다운 생명의 순환현상이 자연스럽게 이루어진다. 그러한 순환현상은 견고한 결빙의 상태에서는 기약되기 어려운 것이다. 그 순환현상은 해빙이 되고 견고한 고체가 유동적인 액체의 상태로 변화될 때 이루어진다.

  시인은 아마도 이 작품을 통해 견고하고 강인한 남성적 의지와 대별되는 여성적 감성의 부드러운 생명현상을 품으려고 한 것 같다. 그러한 태도가 이 작품집의 주된 흐름을 이끌어가고 있는 것은 아니다. 시인은 대체로 자연의 사물들이 갖는 견고하거나 강인한 속성을 주목하고 그 속에서 남성적인 삶의 자세를 찾아내는 데 시적 상상력을 집중하고 있기 때문이다. 그러나 이러한 변화는 그의 시적 상상력을 입체적으로 심화시키거나 갱신시키는 데 크게 기여할 수 있을 것으로 보인다. 상호이질적인 요소들이 어울릴수록 시적 울림의 효과는 절실해지고 의미의 폭과 깊이도 증대되기 때문이다. 다만 그러한 변화는 주체적인 몸짓이 튼실하게 마련된 자리에서 도모되어야 할 것이다. 박기섭의 작품세계에서 주체적인 몸짓은 강인하고 견고한 남성적 의지를 절제된 이미지와 문체로 표현해 보이는 자리에 마련되어 있고, 그 점이 그의 미더운 시적 개성을 성취해내고 있기 때문이다.

박기섭 연보

1954년   12월 4일(음) 대구 달성 마비정에서 태어남.
1977년   샘터시조상 장원.
1980년   「閑秋餘情」으로『한국일보』신춘문예 당선.
1981년   이정환과 함께 2인 시집『덧니』(흐름사)를 냄.
1984~1995년   노중석, 문무학, 민병도, 이정환과 함께 五流同人으로 활동하며,『바람도 아득한 밤도』『먼길』『아무도 절망을 향하여 손을 내밀지 않는다』『삼남의 오한』등 10권의 사화집과 1권의 선집을 냄.
1990년   이재행과 함께 시 전문 무크지『展開』책임편집, 6집까지 출간. 첫 시집『키작은 나귀타고』(동학사)를 냄. 제9회 중앙시조대상(신인상)과 제8회 대구문학상을 받음.
1995년   두 번째 시집『默言集』(동학사)을 냄. 이정환, 이지엽, 김연동, 박권숙과 함께 5인 선집『다섯 빛깔의 언어 풍경』(동학사)을 냄.
1996년   오늘의 시조학회 제정 제5회 오늘의 시조문학상을 받음. 계간『열린시조』창간, 편집위원으로 참여.
1997년   문인수, 김선굉, 박진형과 함께 4인 선집『머리를 구름에 밀어넣자』(만인사)를 냄.
1999년   제2회 대구시조문학상을 받음.
2000년   중앙일보사 제정 제19회 중앙시조대상을 받음.
현재   한국통신 군위전화국장.

참고문헌

이우걸, 「80년대와 현대시조」, 『현대시조』 1987. 가을.
이도현, 「전통과 실험의 두 시학」, 『시조문학』 1988. 여름.
이우걸, 「시의 장력과 긴장-박기섭의 '降冬의 시'」, 『현대시학』, 1988. 12.
장순하, 「박기섭 씨의 두 얼굴」, 『현대문학』 1990. 2.
이우걸, 「오늘의 시조산책 1-박기섭의 에스프리」, 『현대시조』 1990. 여름.
백운복, 「유기적 형식과 세미오시스의 미학」, 『현대시조』 1990. 가을.
박시교, 「80년대의 외로운 주자에게」, 『키작은 나귀타고』, 1990 10.
이상범, 「박기섭의 지적 은유와 애수미 기타 시각」, 『월간문학』 1990. 12.
장순하, 「속이 다 시원한 쾌사」, 『현대문학』 1991. 3.
문무학, 「온전한 야성과 견고한 자존-박기섭 시조집 '키작은 나귀타고'」, 『시조와 비평』 1991. 봄.
이준섭, 「민족문학의 새로운 창조-박기섭의 '키작은 나귀타고'」, 『시조문학』 1991. 봄.
김헌선, 「시조시 주제 구현 방법의 예전과 이제」, 『현대시조』 1991. 여름.

정운엽, 「현대시조에 있어서의 상징과 비유」, 『현대시조』 1991. 여름.

이재창, 「현대시조의 위기와 그 혁명을 위한 試論」, 『시조문학』 1991. 여름.

이우걸·장석주, 『현대시조 28인선』, 청하, 1991.

반경환, 「동시성의 미학」, 『시조시학』 1992. 겨울(창간호).

한춘섭, 「장시조의 논의」, 『현대시조』 1993. 여름.

김양헌, 「못의 정신, 물의 형식―박기섭론」, 『시와 반시』 1994. 여름.

오세영, 「전통과 현대적 변용」, 『한국시조』 1994년 가을호.

김주석, 「박기섭론―'키작은 나귀타고'를 중심으로」, 『현대시조』 1994년 겨울호.

이우걸, 「죽음의 현상학―박기섭의 '저문 강'」, 『현대시학』 1995. 2.

김제현, 「현대 사설시조의 변용적 양상」, 『경기교육논총』 4, 1995. 5.

김만수, 「열린 형식, 여백의 미학」, 『다섯 빛깔의 언어 풍경』, 1995. 10.

김재홍, 「淨罪 의식과 초극의 갈망」, 『默言集』, 1995. 11.

이정환, 「정형률, 그 저도한 인간율―박기섭의 '默言集'을 중심으로」, 『대구문학』 1995. 겨울.

박진형, 「인간율의 미학―박기섭의 시집 '默言集'」, 『대구예술』 1996. 1.

유재영, 「정형률과 인간율」, 『현대문학』 1996. 3.

김양헌, 「격렬한 절제의 미학과 관능적 생명의 세계」, 『대구민족문학』, 1996. 3.

이도현,「전통적인 가락과 새로움의 모색」,『시조문학』1996. 여름.
김양헌,「붉고도 따뜻한, 상처의 흔적들」,『열린시조』1996. 겨울(창간호).
이우걸,「거친 세상, 깊은 노래」,『현대시』1998. 12.
김제현,『현대시조 작법』, 새문사, 1999. 9.
_____,「현대 사설시조의 지향성」,『열린시조』1999. 겨울.
장경렬,「단형시조의 깊이와 아름다움」,『열린시조』1999. 겨울.
이정환,「생태학적 관점에서 본 현대시조의 양상 연구」, 한국교원대학교 교육대학원 석사학위논문, 2000. 2.
박영호,「탁월한 관찰력과 언어적 감수성」,『시조시학』2000. 하반기.
이경호,「은유적 상상력의 갱신」,『열린시조』2000. 가을.
이정환,「다양한 존재양식 읽기」,『현대시』2000. 12.